CONFÉRENCE DES ATTACHÉS.

ÉTUDES BIOGRAPHIQUES.

LE CHANCELIER DE L'HOSPITAL

PAR

JULES MOLEUX,

AVOCAT A LA COUR IMPÉRIALE DE PARIS.

PARIS,
IMPRIMERIE DE VICTOR GOUPY, RUE GARANCIÈRE, 5.
Derrière Saint-Sulpice.

1868

CONFÉRENCE DES ATTACHÉS.

Séance du lundi 7 juillet 1868.

PRÉSIDENCE DE M. BRIÈRE-VALIGNY
Docteur en droit, Avocat général près la Cour impériale de Paris.

ÉTUDE
SUR LE CHANCELIER DE L'HOSPITAL,

PAR JULES MOLEUX,
AVOCAT A LA COUR IMPÉRIALE DE PARIS.

Monsieur l'avocat général,
Messieurs,

Il n'était pas aisé au XVIe siècle de vivre en bonne intelligence avec l'Église et les partis politiques, même pour les jurisconsultes.

Vous connaissez les infortunes du savant Dumoulin, obligé de fuir en Allemagne au vif des guerres de religion, et, plus tard, retenu à la Conciergerie pour « son « conseil sur le fait du concile de Trente. » Vainement, dans ses vastes et consciencieuses études du droit canonique, avait-il successivement puisé de fortes raisons pour passer du catholicisme au calvinisme, du calvinisme au protestantisme luthérien, pour rentrer enfin dans le sein de l'Église catholique. Ses hommages variés à ces diverses formes du christianisme, qui attestaient seulement des hésitations bien concevables en si grave sujet, ne lui avaient valu qu'une sécurité imparfaite et un repos agité.

Cujas, né vingt ans plus tard et instruit par les malheurs de son illustre devancier, n'ayant de goût qu'à l'étude du droit, et d'ardeur qu'à poursuivre dans le *Corpus juris* de savantes études qui ont fait sa gloire, dut, pour n'être pas inquiété dans ses paisibles méditations, s'écarter systématiquement de toutes controverses religieuses. Tantôt, avec une prudente réserve, il se maintenait dans de hautes généralités qui ne pouvaient amener la discussion en se disant « juste d'esprit et de « cœur ; » tantôt, directement interpellé sur le pape ou sur Calvin, *nihil hoc ad edictum prætoris* (ceci est étranger à l'édit du préteur), répondait-il ; et bientôt suivait une dissertation sur le droit romain, qu'il considérait comme « la raison écrite. »

A côté d'eux, imbu des mêmes principes et presque aussi versé dans la science du droit, vient se placer un autre jurisconsulte, qui sera de plus un politique avisé et un grand caractère... c'est Michel de L'Hospital.

Il naquit en 1505, à Aigueperse, en Auvergne. Son père était le conseiller et le médecin du connétable de Bourbon ; c'était un homme studieux et honnête qui éleva ses enfants avec beaucoup de soin, et qui, dès que son fils Michel fut en âge, l'envoya étudier le droit à Toulouse.

Là ce jeune homme ne tarda pas à se distinguer par son intelligence et son assiduité au travail. Levé chaque jour dès quatre heures du matin, il discutait les textes et commentait les passages obscurs, ne demandant ses distractions qu'à la variété des lectures. Ainsi il faisait de rapides progrès à la joie de ses maîtres qui fondaient toutes leurs espérances sur lui, lorsque sa famille fut atteinte d'une grande disgrâce. Un caprice de cour venait de jeter le connétable de Bourbon dans le camp de Charles-Quint ; Jean de L'Hospital, fidèle à son protecteur, crut devoir le suivre dans son exil volontaire, mais en même temps il perdit ses biens qui furent confisqués, et son fils, l'étudiant de Toulouse, fut envoyé en prison pour plusieurs mois. Deux ans après, il rejoignit son père en Italie, et, fixé à Padoue, il reprit le cours de ses études de droit. A vingt-six ans elles étaient terminées, et le pape qui savait son mérite le nomma auditeur de rote. Mais Michel de L'Hospital souffrait en son cœur d'être éloigné de son pays natal, et à la faveur du cardinal de Gramont, négociateur de François 1er à Rome, il obtint son rappel. Arrivé en France, il consacra tous ses efforts à obtenir la grâce de son père et entra au barreau de Paris; tout de suite son érudition éclata de telle sorte qu'un lieutenant criminel, Morin, homme estimé par sa probité sévère, vint lui offrir sa fille et une charge au Parlement (1).

Alors se dessine le beau caractère de Michel de L'Hospital. A une parfaite égalité d'humeur et à une austérité de caractère véritable, il unissait une grande pureté de

---

(1) Voy. *Vie de L'Hospital* par Villemain, *Mélanges littéraires*, t. III.

mœurs et une intégrité incomparable. Il y ajoutait encore, comme juge, une patience que ni les longueurs ni les redites des plaideurs ne pouvaient lasser. Il comprenait toute la considération dont les magistrats doivent s'entourer pour remplir avec autorité leur haute mission, et à cet égard sa franchise ne lui permettait ni de dissimuler ses regrets ni même parfois de cacher son indignation.

Écoutez comme il flétrit justement la vénalité des charges, que le chancelier Duprat avait imaginée dans un intérêt financier évident :

> Egregius quondam, nunc turpis et infimus ordo,
> Temporibus postquam cœpit promiscuus esse
> Omnibus, et pueris passim probroque notatis,
> Qui vix prima tenent elementa (1). . . .

Il n'est pas douteux que cette sévère façon de juger les hommes corrompus (à une époque où ils ne manquaient pas) ne lui ait attiré de nombreuses inimitiés de leur part, et ceux qui, plus tard, accusèrent ce vénérable vieillard « de huguenoterie et d'athéisme, » étaient peut-être les mêmes que son austérité avait choqués par la façon dont elle contrastait avec la légèreté de leur vie. *Sous couleur de religion*, et comme pour *extirper l'hérésie*, ils cherchaient à *extirper leurs ennemis*. En revanche, cette énergique droiture lui valut l'amitié des

---

(1) Ordre jadis illustre, aujourd'hui avili et déshonoré depuis qu'il a commencé d'être prostitué à tous venants, à des hommes notés d'infamie et à des enfants qui possèdent à peine les premiers éléments de la science. (de L'Hospital, lib. I, epist. 3.)

hommes les plus éclairés du Parlement, de Du Mesnil, qui y remplissait la charge d'avocat du roi, de Jacques Du Faur, qui défendit toujours les droits de la justice et de la liberté religieuse, de de Thou, homme intègre qui devait un jour s'oublier jusqu'à faire l'apologie de la Saint-Barthélemy. Le vertueux chancelier Olivier lui témoigna aussi de son estime bienveillante, en attendant qu'il lui donnât sa plus entière amitié en l'envoyant, comme ambassadeur du roi, dans une haute mais vaine pensée de conciliation religieuse, à l'inutile concile de Trente et de Bologne. Quatre mois après, Michel de L'Hospital rentrait en France et reprenait au Parlement de Paris sa fonction de conseiller. Alors âgé de quarante-deux ans, entouré du respect général, excellant dans sa magistrature par sa conscience et son savoir, il semblait voué à une vie toute judiciaire. Son protecteur, le chancelier Olivier, venait d'ailleurs de tomber en disgrâce lorsqu'il fut appelé à la cour par l'estime d'une jeune princesse qu'avaient charmée son âme poétique et son esprit élevé. La duchesse de Berry l'avait recommandé à son frère Henri II, et bientôt maître des requêtes, il fut, en 1554, nommé surintendant des finances en la chambre des comptes. Cette charge nouvelle, autrefois réunie à celle de garde des sceaux, ne laissait pas que de présenter de grandes difficultés d'administration. Une guerre continue était engagée avec l'empereur, et Henri II, prenant en main le commandement de l'armée, avait de grands besoins d'argent pour la conduire victorieusement. Les revenus publics s'élevaient à 38 millions, mais 9 millions seulement entraient dans la caisse de l'État. La voracité des traitants dépassait ainsi toutes bornes (1). Michel de L'Hospital fit un peu *rendre gorge* aux uns et il en poursuivit d'autres, dilapidateurs de la fortune publique, sans plus épargner les grands que les petits ; il exigea une exactitude inflexible des fermiers de l'État ; il résista, autant qu'il put, « aux seigneurs, officiers, domesti-« ques et aultres en très-grand nombre » qui, suivant son expression, « engloutissent toute la substance du roy. »

Il se rendit ainsi odieux à la cour, mais son honnêteté était tellement reconnue qu'on n'osait l'attaquer ouvertement, et, dit Brantôme, il montra « qu'il ne fallait pas « se jouer avec ce grand juge et rude magistrat... pour « censurer tous nos Estats de la France qui est très-genti-« ment corrompue. » Avec la paix de Cateau-Cambrésis commencèrent de grandes fêtes à la cour, et les embarras financiers redoublèrent pour le roi qui était chargé des frais de trois mariages de princesses de sa famille. Ni les dons du clergé, ni l'exacte surveillance de l'honnête Michel de L'Hospital ne purent répondre aux exigences nouvelles, et en ces circonstances on ne peut comparer ce surintendant au subtil Duprat ou à l'ingénieux Bertrandi. Il quitta ce poste que ses excessives qualités de scrupuleuse délicatesse lui rendaient tout particulièrement difficile à garder.

Retiré à Nice, près de la nouvelle duchesse de Savoie, Marguerite de France, il s'adonnait à la culture des belles-lettres, lorsque François II l'éleva au rang de chancelier de France.

---

(1) Voy. *Un budget du* XVIe *siècle*, par Dupin aîné.

Il arriva au pouvoir avec une modestie singulière et avec une apparente irrésolution dans ses desseins, si bien que les princes lorrains alors tout-puissants sur l'esprit de François II, par l'influence de leur nièce la belle Marie Stuart, ne distinguèrent en lui qu'une humble origine qui ne saurait résister à l'ascendant de leur illustration nobiliaire, et un grand mérite littéraire et judiciaire qui servirait bien leur volonté. Quant à l'adroite Catherine, elle avait deviné le caractère du nouveau chancelier ; mais les principes de modération qu'il voulait asseoir en France par esprit de droiture et de justice avaient obtenu ses préférences dans un calcul d'amour-propre et un intérêt d'ambition : l'entente s'était tacitement formée entre eux, sans illusion d'aucune part.

Catherine souffrait du rôle trop effacé qu'elle avait à la cour de François II ; les Guises avec leurs tendances dominatrices provoquaient souvent son impatience, et il lui paraissait utile, dans ses visées, de balancer leur puissance par celle des Bourbons. S'il ne s'était agi que d'entretenir entre eux une mésintelligence continue, l'entreprise eût été facile, car ni les prétextes religieux ni les causes politiques ne faisaient défaut ; mais ce qui était plus malaisé à surveiller et à empêcher, c'était de contenir les élans des Guises victorieux, qui voulaient détruire leurs adversaires pour assurer leur prépondérance et absorber toute l'autorité, sans peut-être y laisser participer la reine mère. Cette perspective inspirait à celle-ci « une « tendresse pitoyable » pour ses frère et cousin le roi de Navarre et le prince de Condé, et le 5 octobre, quand le roi les fit arrêter, elle avait les larmes aux yeux et elle en appelait tout bas à la modération de Michel de L'Hospital pour sauver leur précieuse existence.

Quant à de l'Hospital, il gémissait des troubles dont le royaume était le théâtre. Les succès inouïs du brave Montbrun, qui vengeait les Vaudois sur le champ même de leur massacre, et les intrigues du prince de Condé dans tout le Midi lui semblaient déplorables. Mais les représailles que préparaient les Guises, en poursuivant la condamnation à mort d'un prince du sang perfidement arrêté, lui paraissaient odieuses. Dans sa prudence, il n'avait osé se refuser à signer avec tout le conseil l'ordre d'arrêter le prince ; mais il réservait son intervention pour une époque ultérieure, craignant en ce moment-là de tout perdre en heurtant les sentiments des Guises. L'instruction de ce procès faite par une commission d'hommes intimidés par les Guises ou hostiles au prince de Condé se poursuivit avec activité. Aussitôt achevée, les Guises s'étaient empressés de composer avec leurs amis un tribunal d'exception qui rendit une sentence de mort. — Un prince du sang royal allait-il donc subir le sort du malheureux Castelnau ? L'obstacle ne viendrait assurément ni du roi, ni des Guises qui le gouvernaient. — C'est alors qu'apparaît toute la finesse de Michel de L'Hospital. De concert avec un conseiller d'État, Guillart du Mortier, il fait naître des discussions, il propose des ajournements avant de surseoir à l'exécution, et il a toujours une foule d'honnêtes prétextes pour retarder cette heure fatale. En vérité, il gagne du temps, il sait le roi à l'agonie, et le jour de sa mort est le salut de Condé.

Il convient ici d'écarter de notre aperçu de fières paroles qui lui ont été prêtées : « Je sais mourir et non me « déshonorer, » aurait-il dit en refusant de signer l'arrêt de mort du prince de Condé. Elles ne sont pas seulement en désaccord avec sa situation en 1560, où sa fonction est plus en péril que sa vie, mais elles sont en contradiction avec son caractère fait de douceur et de persévérance et toujours éloigné des violences et des hardiesses. La pensée en elle-même est vraie et concorde avec les idées que nous lui connaissons, mais l'expression qu'on leur a donnée lui est étrangère (1).

Ne trouvez-vous pas que l'éloignement est assez favorable à certains personnages historiques pour que l'imagination des auteurs doive se garder de surélever encore leur taille? Celle-ci surtout est assez haute, pour que nous y puissions opérer cette réduction sans grand dommage pour la réputation du chancelier et au profit de la vérité. L'Hospital fut le sauveur de Condé, non par un refus hautain qui n'eût été qu'une impuissante témérité, mais par une procédure patiente et sûre.

En même temps qu'il empêchait une inutile effusion de sang, il agissait sur l'esprit de la famille régnante par les plus salutaires influences, — en la conduisant à l'assemblée des notables à Fontainebleau. On ne saurait se représenter tous les calculs qui avaient amené cette assemblée et toutes les espérances qu'on avait de diverses parts fondées sur elle.

Du côté des Guises, c'était le brillant cardinal qui

---

(1) R. de la Planche; de Thou, liv. XXVI; Th. de Bèze, p. 395; Henri Martin. *Histoire de France*, t. IX.

l'avait le premier souhaitée ; comme surintendant des finances, il avait pour le compte de l'État à satisfaire à quarante-deux millions de dettes, sans moyens de créer de nouvelles ressources, avec un budget qui se soldait chaque année par plusieurs millions de déficit. Avec une incontestable richesse d'imagination, il avait éludé les premiers payements sous des prétextes aussi variés que nombreux. Mais, soit qu'il eût craint de voir s'épuiser ses ressources d'expédient, ce qui paraît peu probable, avec sa supériorité reconnue, et comme injurieux à sa mémoire, soit plutôt qu'il voulût disposer d'une plus grande liberté d'esprit pour la conduite d'autres desseins, il vit dans cette réunion des notables un commode prétexte pour éloigner des créanciers importuns ; et, par un avis bref et concluant affiché aux portes de la ville, il avertit *que tout demandeur serait pendu.*

Le duc, son frère, se croyait assuré de dominer dans l'assemblée des notables, par l'absence des Bourbons tenus en grande défiance depuis la conjuration d'Amboise, par le soin qu'on allait apporter à informer tardivement les Chatillons de la réunion d'une assemblée précipitamment convoquée, par l'éloquence de son frère le cardinal, aussi habile à vaincre dans les joutes oratoires qu'il l'était lui-même à triompher dans les tournois de chevaliers.

Quant à Catherine, elle jugeait que tout contrôle apporté à l'administration des Guises affaiblirait une autorité que, dans un intérêt personnel, elle voulait amoindrir.

Ainsi chacun cherchait à éviter les écueils pour sa fortune politique sans se soucier de l'intérêt de la France...

Seul, Michel de L'Hospital s'élevait dans ses conceptions jusqu'à la prévoyance et la justice. — Il voulait que la cour connût de la bouche de quelques hommes énergiques les besoins de la France et les causes de son mécontentement, et il lui fit entendre de Montluc, évêque de Valence; de Marillac, archevêque de Vienne, et l'amiral Coligny.

Il cherchait à mettre d'accord les papistes et les calvinistes, et s'il n'y réussit pas, il put du moins suspendre les peines « *contre les dévoyés de la foi.* » D'un commun accord, les notables avaient demandé la réunion des États-Généraux ; mais avant d'y retrouver le chancelier de L'Hospital, je voudrais vous entretenir de ses rapports avec les Parlements.

Le Parlement de Paris avait vérifié, le 2 juillet, ses lettres de nomination avec un vif étonnement. Bien qu'il eût pendant neuf années gardé dans son sein ce sévère magistrat, il n'en avait pas préjugé la destinée. Sa fermeté de caractère et ses hésitations religieuses l'avaient, selon les membres les plus éminents de ce corps, rendu impropre aux hautes fonctions publiques; et, au gré des autres, l'active façon dont il avait, comme membre du Parlement, appuyé les réformes ordonnées par le chancelier Olivier lors de l'édit des semestres et de la suppression des épices, avait frappé son nom d'un long discrédit, dont sa science et son désintéressement ne devaient pas même le relever... Dès le 5 juillet, il présentait à l'audience extraordinaire du Parlement de Paris deux édits à enregistrer :

L'un supprimait tous les offices nouveaux et surnuméraires dans les Parlements, Chambres de compte, Présidiaux et Bailliages ;

L'autre était l'édit de Romorantin, que sa laborieuse composition rendait tout particulièrement cher au chancelier.

Tandis que le pape et les Guises voulaient établir en France un tribunal d'inquisition modelé sur celui d'Espagne, — les protestants, envisageant avec inquiétude le sort qu'on leur préparait, voulaient ou prendre les armes ou obtenir des garanties de leurs droits, — et le Parlement, désormais lassé des rigueurs religieuses, inclinait à y renoncer en repoussant la création de toute nouvelle juridiction concurrente de la sienne.

Mettre ainsi d'accord trois partis dont les prétentions s'excluent, trouver une formule qui les réunisse, et prendre des décisions qui leur plaisent, pour arriver à un résultat que chacun d'eux rejette, telle fut l'œuvre accomplie par de L'Hospital dans le célèbre édit de Romorantin !

Pour complaire aux Guises, il attribuait aux autorités ecclésiastiques la connaissance des crimes d'hérésie, avec la peine de mort comme unique sanction pénale des égarements reconnus.

Voulant rassurer les protestants, il enjoignait aux prélats de résider dans leur diocèse, et à tous les fonctionnaires publics de déférer au roi les prélats qui ne se conformeraient pas à l'édit, et il glissait encore une disposition qui frappait de la peine du talion tous les auteurs de dénonciation calomnieuse.

Les Parlements n'y étaient pas moins avantagés ; en

perdant le pénible droit de juger du crime d'hérésie, ils conservaient dans leur intégralité l'absolue compétence de tous les litiges temporels. Bien plus, de L'Hospital, en les assurant des intentions conciliantes du roi en matière religieuse, semblait leur garantir autant l'existence illusoire que l'inutilité de la juridiction nouvelle.

« Le roy, disait-il, a faict comme les bons médecins
« qui souvent congnaissent les maladies sans cognaître
« les causes d'icelles : et ayant usé de quelques remedes
« aigres qui n'ont proficté PRENNENT DES DOULTZ : et
« ayant usé des choses chaudes qui ne profictent, ap-
« plicquent les froides. Le temps desdictz deux rois
« portait que l'on fist des exécutions : en ont usé. Aussi
« a le roy qui est à présent : mais voyant que pour cela
« le mal ne guérissait, et cognaissant par l'effect que
« ce n'était le vray remède, en veut chercher d'aul-
« tres. »

Quelle finesse critique dans ces lignes ! Ni Molière ni Lesage n'ont dans la suite montré plus d'esprit à railler les procédés pratiques de quelques bons médecins. Et quelle justesse d'appréciation dans l'analogie qu'il y trouve avec les sérieux motifs qui inspirent les ordonnances royales de cette époque. Le Parlement de Paris dut sourire à ces paroles, mais il ne s'en montra pas moins rebelle à l'enregistrement des édits que des lettres de jussion purent seules décider.

A peine le chancelier avait-il de ce côté obtenu du Parlement la sanction qu'il demandait, que tout naturellement son esprit se prit à envisager d'autres améliorations. Signaler les abus qu'on a parfois la coutume fâcheuse de trop dissimuler, poursuivre les réformes trop redoutées des gouvernants était une œuvre qui sollicitait son ardeur sans jamais la lasser. Arrivé au pouvoir, il s'entretenait dans l'activité des luttes comme d'autres, en sa place, ont cherché à s'oublier dans les douceurs du repos.

En septembre, il présentait à l'enregistrement du Parlement de Paris, trois nouveaux édits :

Le premier tendait à faire cesser l'abus des Pareatis... Un jugement ou un arrêt n'était alors exécutoire que dans le ressort de la juridiction qui l'avait rendu.

De L'Hospital, en quelques mots, en indique les inconvénients de même qu'il arrête l'unité du principe d'où sort la justice.

« Il y a, dit-il, l'édict des Pareatis qui n'a esté faict
« pour la court de ceans : laquelle ne pesche in eo genere,
« mais il y a trois ou quatre parlements ez quelz ou faict
« procès de Pareatis : à Thoulouse, Bretagne, Normandie
« et Grenoble, en yay veu ung au dict Thoulouse que a
« duré six ans engendrer infinis incidents.

« Non-seulement les dictz procez se font entre parents,
« mais contre les officiers exécuteurs, quelquefois contre
« ceux qui exécutent pour le roy.

« Si ung roy pouvait comme autrefois administrer la
« justice souveraine par ung seul parlement, il le ferait.
« *Les diverz parlements ne sont que diverses classes du*
« *Parlement du roy.* »

Le second édit, s'inspirant aussi des intérêts des justiciables, cherche à prévenir les procès scandaleux qui se perpétuent dans les familles, en réglant les arbitrages et en encourageant les transactions.

Le dernier a une importance considérable. De L'Hospital, remarquant que la lenteur des procédures ordinaires ne pouvait convenir aux affaires commerciales, crut avec raison que toute réforme qui accélérerait leur marche faciliterait leur succès : il établit des tribunaux spéciaux au commerce.

Le retentissement en fut grand au Parlement..... Ce corps, jaloux de ses attributions, allégua qu'il y avait péril à confier à des hommes sans lumière la solution d'affaires d'une grande importance pécuniaire, il ne dissimula pas que la création de nouvelles juridictions amoindrirait inutilement l'importance de la sienne.

Michel de l'Hospital lui représenta que les villes d'Amiens et de Lyon avaient dans leur pratique commerciale devancé son projet, et s'en trouvaient à leur grand avantage.

Tout moyen ordinaire de persuasion devait échouer devant la résistance calculée du Parlement. Et le chancelier recourut aux lettres de jussion pour en obtenir l'enregistrement. Ainsi naissait une institution de justice et de progrès. Les célèbres ordonnances de Louis XIV ne firent que se l'assimiler. Notre révolution la laissa intacte : et aujourd'hui, si elle est peut-être la plus ancienne de nos institutions, elle n'est pas la moins vivace.

Tels avaient été, dans les cinq premiers mois de son administration, les principaux services publics rendus par le chancelier de l'Hospital. D'autres vies y trouveraient toute leur illustration; mais ce n'était encore pour la sienne qu'une incomplète ébauche, que des événements postérieurs caractériseront et que le malheur achèvera.

Rien ne pouvait ajouter à la surprise causée par l'élévation de l'Hospital que la façon dont il se maintint au pouvoir. En ces temps continus de sourdes menées ou d'éclatantes discordes, les partis dominent en maître, leur puissance élève ou abaisse les hommes au niveau de leur fortune, et s'il est étrange de grandir par d'autres mains que les leurs, il semble inévitable d'échapper à leur action. Alors plus que jamais il est malaisé, même avec les desseins les plus modestes, de subir chaque jour des critiques passionnées sans fléchir sous leur poids. Quelle plus légitime tentation, cependant, pour ceux qui en sont l'objet, que cet appel à l'union d'hommes concertés dans une pensée commune. Si par cette voie on ne trouve qu'une incomplète assurance contre l'erreur, on garde du moins l'entière liberté du bien. Aucune de ces vérités d'observation politique n'avait échappé à l'esprit pénétrant de l'Hospital; mais artisan d'une pensée nouvelle fondée sur de mutuels respects, il ne lui fallait pas moins que le concours de tous pour entreprendre cette grande pacification religieuse qu'on a appelée la tolérance.

Sous François II, il est à peine arrivé au pouvoir dans une situation instable qu'il inaugure tout un système d'équilibre gouvernemental par l'édit de Romorantin. Obligé à de grands ménagements pour les Guises, il protége leurs adversaires les princes de Bourbon et sauve la vie de

Condé. Sans cesse il donne des avis aux Parlements et conseille au clergé la réforme des abus.

Sous Charles IX, enfant de dix ans, dirigé dans ses études par Amyot, savant ami du chancelier, avec l'ambitieuse Catherine pour régente et souveraine, de l'Hospital sent sa force et imprime à ses actes un nouvel accent d'énergie.

Le 13 décembre, à l'ouverture de la session des États assemblés à Orléans, il se montre plus admirable peut-être par la loyauté de ses déclarations que par la simple grandeur de son éloquence.

« Aulcuns ont doubté s'il était utile et profitable aux
« roys de tenir les Estats, disant que le roy diminue au-
« cunement sa puissance, de prendre l'advis et le conseil
« de ses subjets, et aussi qu'il se rend trop familier à
« eux : ce qui engendre mépris et abaisse la dignité de
« la majesté royale.

« Telle opinion me semble avoir peu de raison.

« Combien de pauvretez, d'injures, d'injustices qui se
« font aux peuples, sont cachées aux roys, qu'ils peuvent
« ouyr et entendre, tenant les Estats. »

On ne pourrait, sans forcer le sens de ces paroles, y trouver la consécration anticipée du régime constitutionnel, mais c'est un acheminement hardi vers une modification gouvernementale par un effort d'autant plus étonnant que les doctrines despotiques prévalaient sans partage dans l'esprit des princes comme dans la pensée des peuples. Le tiers-état, dans son vœu le plus avancé, réclama la réunion des États-Généraux tous les cinq ans, et le chancelier, sans le contredire, lui répondait par le récit suivant :

« Un roi de Sparte créa des magistrats qui furent
« appelés les Ephores, et ordonna que les roys ne feraient
« aulcune chose d'importance sans leur conseil. Sa femme
« le tança lui disant que c'était honte à luy de laisser à
« ses enfants la puissance royale moindre qu'il ne l'avait
« reçue de ses prédécesseurs. A quoy répondit Theo-
« pompe : Moindre n'est-elle, mais plus modérée, et
« ores qu'elle fût moindre, elle sera par ce moyen de
« plus longue durée : car toutes choses violentes ne durent
« guères. »

Cette parole est une maxime opportunément rappelée au prince plus porté à faire choix de favoris complaisants que de conseillers sages et expérimentés ; aux ordres des États-Généraux pour les convier à des ménagements réciproques ; et, comme personne n'y est oublié, aux femmes de cette époque, avides du pouvoir et trop heureuses adversaires des plans d'économie du chancelier.

— Si l'on vit rarement un censeur plus rigoureux des dépenses vaines, peut-être ne rencontrera-t-on plus surintendant des finances aussi éploré d'un déficit de quarante-deux millions.

« Reste à vous racompter du mesnaige du roy qui est
« en si pauvre et piteux estat que je ne pourrais le vous
« dire, ne vous l'ouïr, sans larmes et pleurz. Car jamais
« père, de quelque estat ou condition qu'il fust, ne laissa
« orphelin plus engagé, plus endebté, plus empesché
« que nôstre jeune prince est demeuré par la mort des
« roys ses père et frère.

« ..... Il y a recours à vous comme à ceulx qui n'ont
« jamais failli à secourir leur prince, vous demande con-
« seil, adviz et moyen de sortir des affaires. »

— Aussi, ni les nobles, ni les gens du tiers-état ne restèrent sourds à un appel si pressant.

D'un commun accord, ils proposèrent l'aliénation d'une partie des biens du clergé dans un élan patriotique tout exempt de sacrifice.

Le clergé dut payer seize millions. Et l'édit qui lui imposa cette lourde charge fut rédigé par le chancelier lui-même :

« La nécessité est comme dit ung poëte ancien plus
« forte que tous les dieux ensemble, est venue pour vous
« faire entendre les causes qui ont meu le Roy de faire
« l'Edit qu'il vous a envoyé naguère touchant l'aliéna-
« tion des biens de l'Eglise, jusques à la somme de cent
« mille ecus de rente. Les affaires sont telles que de deux
« choses l'une : il faut, ou mettre le royaulme en hasard,
« ou vendre le bien de l'Eglise.

« L'Eglise a été ung tems sans possession : pourquoy
« ne faut trouver étrange la vente d'une portion de bien
« de l'Eglise, quand la nécessité y est.

« Il n'est rien de plus sien et de plus propre à chascung
« que les biens qu'il a eus de succession ou d'acquisition,
« lesquels tous les jours sont vendus pour le payement
« de la taille ou de l'emprunt. »

Ainsi le chancelier invoque seulement les nécessités publiques pour justifier cette mesure extraordinaire, véritable dérogation au principe de la justice. Mais il faut

ajouter que la situation du clergé était bien exceptionnelle. Exempt des impôts, il prélevait encore à son profit un véritable impôt avec les dîmes ; ce qui faisait dire avec âpreté au chancelier « que les vicaires ne parlent au peuple
« que de payer dixmes et offrandes et rien de bonnes
« mœurs. Le pauvre peuple en paye plus chacun an !
« c'est rien ou peu en égard aux grands biens de
« l'Eglise. »

Et plus loin, il répond aux protestations du clergé qui réclamaient l'adhésion du pape à l'édit pour qu'il produisît effet, après l'enregistrement : — prétention contraire à notre droit public français !

« Ne scays comment le pape le prendra, ni quelle
« sera sa réponse..... mais (en attendant) il faut faire et
« exécuter, et puis..... combien qu'il ne tient au Roy que
« l'ordre ne soit gardé : commençons par le fait, la so-
« lemnité suivra..... »

Ce langage, bien de nature à lui créer dans le clergé d'actives inimitiés, faillit en outre causer son excommunication. Il y ajouta deux nouveaux griefs qui le mirent en butte à sa haine implacable. Pour évaluer les ressources annuelles du clergé il conçut l'idée d'un édit qui enjoindrait aux bénéficiers de donner déclaration des biens et revenus des bénéfices ; et il se refusa toujours à excuser les *petits* massacres des protestants commis par le *bon peuple,* en ne voulant reconnaître d'autres ennemis du bien public que ceux qui troublaient le repos de l'État en violant les lois et les ordonnances.

Ainsi, de L'Hospital, touchant à l'apogée de sa grandeur, avait fondé toutes ses espérances sur les États d'Orléans pour donner la paix à la France ; il avait multiplié son zèle pour la fonder, mais tous ses actes, bien qu'inspirés d'une irrécusable justice, tournaient à l'encontre de ses desseins. En voulant rétablir l'ordre dans les finances, il irritait le clergé, comme en parlant de rechercher les déprédateurs des derniers règnes, il soulevait l'indignation du maréchal Saint-André et du connétable de Montmorency, dès-lors unis aux Guises pour entraver l'exécution de ses projets.

En vain venait-il dire, pour justifier son édit de tolérance : « Le roy ne veut point que vous entriez en dispute
« quelle religion est la meilleure, car il n'est pas ici ques-
« tion de *constituenda religione, sed de constituenda repu-*
« *blicâ*, et plusieurs peuvent être *cives, qui non erunt*
« *christiani*, même l'excommunié ne laisse pas d'être
« citoyen.

« Voire, me répliquerez-vous, le roy leur octroye (à
« ceux qu'on nomme de la religion réformée) des condi-
« tions que sans les troubles ils n'eussent pas obtenus.

« Que leur donne-t-il donc ?

« Il leur donne une liberté de conscience, ou plutôt, il
« leur laisse leur conscience en liberté.

« Il est nécessaire de laisser en paix les esprits et
« consciences des hommes comme ne pouvant être ployés
« par le fer ni par la flamme, mais seulement par la rai-
« son, qui domine les hommes.

« Comment est-ce que la religion, si elle est bonne,
« engendrerait le mal et l'effect contraire à sa cause ?

« Si c'est religion chrétienne, ceulx qui la veulent
« planter avec armes, espées et pistolets, font bien contre

« leur profession, qui est de souffrir la force, non la
« faire (1). »

Tous étaient froissés par ce langage, et la noblesse dans ses habitudes turbulentes, et le clergé dans ses prétentions religieuses tout exclusives, et le tiers-état dans ses préjugés traditionnels.

Mais que dire du Parlement de Paris qui se distingua dans ses ardeurs hostiles contre de L'Hospital?

Les uns, naïfs admirateurs de toutes les résistances, sans souci du mobile qui les inspire ni du but souvent incertain qu'elles recherchent, n'ont vu en ses magistrats que les fidèles gardiens de la foi religieuse.

Les autres (et ici je cite textuellement) en ont fait des juges iniques, des souteneurs de l'émeute et du pillage (2).

En réalité, le Parlement de Paris ne mérita ni de telles louanges ni de tels reproches. Il eut pu sans doute s'élever au-dessus des passions du moment et paraître devant l'histoire avec cette sérénité grave dont de L'Hospital fut l'image lumineuse pour faire respecter les religions et éviter l'effusion du sang.

Autre fut son intervention. Il subit l'influence de son époque mêlée de controverses religieuses et d'ambitions débordantes. Comme les factions luttaient entre elles de violences pour assurer leur prédominance, ainsi le Parlement, entraîné dans ce courant agité, voulait fixer son autorité et revendiquer ce qu'il considérait comme ses droits

---

(1) *Œuvres de L'Hospital*, par Dufey de l'Yonne.
(2) *Histoire de France au* XVIe *siècle*, par Michelet, t. IX.

méconnus, par tous les moyens légaux de résistance. Les griefs ne lui manquaient pas, et l'ordonnance d'Orléans qui diminuait le nombre des charges au Parlement et limitait les profits des juges en créa un nouveau qui fut vivement ressenti. Son mécontentement éclata durement. Le chancelier venait d'adresser aux Parlements de France l'édit de tolérance : le Parlement de Paris lança un ajournement personnel au chancelier, et le prévôt de Paris, encouragé par cette attitude, en défendit la publication.

C'est à peine si un observateur attentif de la situation de la France, en 1561, aurait pu augurer du plein succès de ce grand acte politique, même préparé avec ensemble, présenté avec une imposante unité, et déconcertant, par son impérieux bon sens, les passions mal assurées ; mais discuté dans son principe, arrêté dans son essor, il se trouva frappé d'une indélébile stérilité, et, au lieu de déterminer la pacification, il fut la date des guerres civiles. Il avait suffi à de L'Hospital d'une année pour développer sa pensée d'humanité et de tolérance ; mais elle est à peine achevée que déjà son œuvre périclite. Il lui reste encore quelques amis fidèles comme Montluc, évêque de Valence et de Foix, archevêque de Toulouse, mais la plupart sont silencieux et indécis. On considère son système de tolérance comme irréalisable, et Catherine le croit aussi chimérique. Les conspirations factices, les colloques impuissants, les paix simulées et les désarmements sont autant de vaines et fausses manifestations. Mais les faits certains et retentissants sont : le massacre de Vassy et la turbulence indisciplinée de Condé. L'alliance espagnole emporte les derniers vestiges de son influence. On se répète comme

un proverbe « qu'il faut se garder de la messe du chan-
« celier. »

Au milieu de ces agissements, de L'Hospital légifère sans cesse comme sans illusion, comme il le fait bien voir aux États de Saint-Germain :

« J'aurai, dit-il, beau dire, je ne désarmerai pas la
« haine de ceux que ma vieillesse ennuie. Je leur par-
« donnerais d'être si impatients s'ils devaient gagner
« au change, mais quand je regarde tout autour de moi,
« je serais bien tenté de leur répondre, comme un bon
« vieil homme d'évêque qui portait comme moi une
« longue barbe blanche et qui la montrant disait : Quand
« cette neige sera fondue, il n'y aura plus que de la
« boue. »

Il était sans appui à la cour, mais il demeurait encore à la garde des sceaux comme implanté dans ce poste par l'ascendant de ses vertus.

A la majorité de Charles IX, il célèbre au Parlement de Rouen la prise du Havre en faisant appel à l'union des partis.

Il réforme le droit civil par l'ordonnance de Moulins.

Il ne permet plus d'étendre les substitutions au-delà du quatrième degré.

Il soumet les donations à l'enregistrement et à la publicité.

Intrépide adversaire des abus, il était encore savant jurisconsulte et profond législateur.... Ce n'est point surfaire sa valeur, non plus qu'exagérer ses services que de l'appeler un des préparateurs de la grandeur française au XVIIe siècle...

Promoteur d'une grande pensée, il consacra sa vie à la répandre pour le plus grand bien de son pays. Autant ses efforts furent répétés, autant ses insuccès furent multipliés. Que dire de plus? Il vit la Saint-Barthélemy... Son existence fut épargnée par grâce, et celle de sa fille fut sauvée comme par miracle... Il expira en 1573, négligent de ses maux, mais attristé du passé et plein d'appréhension pour l'avenir de son pays. A l'heure suprême, il ne distinguait ni son illustration impérissable, ni le triomphe de l'idée dont il avait été le martyr....

Mais l'idée juste et féconde en heureuses conséquences naît des excès même de l'erreur. La tolérance religieuse fut très-réelle sous Henri IV, au lendemain des guerres de religion. Ici c'est par lui que la vérité s'est fait place, et il suffit que son siége soit désigné à l'attention des générations qui se succèdent pour qu'au souffle d'une raison prévoyante et d'un juste bon sens public, les préjugés, pressés et heurtés, s'étouffent et disparaissent. Leur retraite aura été lente, suivant les temps et au gré des événements, ou précipitée d'étapes en refuge, suivant la volonté des hommes ou la force des caractères.

Il fallut plus de deux siècles avant que la tolérance religieuse passât à l'état de dogme constitutionnel. Mais dès le commencement du XVIIIe siècle, le Parlement de Paris laissait la voix du président Hénault s'élever pour rendre à de l'Hospital un juste et tardif hommage.

« Il est, disait-il, plus instruit que le cardinal de
« Lorraine, a tout le courage du duc de Guise, ferme
« et plein d'expédients; c'est le plus savant homme du
« monde, et qui a le plus d'esprit, le plus rempli d'hon-

« neur, et sachant, s'il le faut, mépriser la réputation
« même pour en faire le sacrifice au salut de l'État... »

L'éloge est vrai : ce sont là les traits de cette grande figure. Elle se composait d'honneur, de science, d'habileté et surtout de cette force de l'âme qui persiste dans ses desseins malgré les obstacles, de ce courage enfin qualité souveraine sans laquelle toutes les autres seraient comme si elles n'étaient pas !

www.ingramcontent.com/pod-product-compliance
Lightning Source LLC
Chambersburg PA
CBHW060615050426
42451CB00012B/2260